シリーズ
シニアが笑顔で楽しむ⑰

誰もが満足!
年齢や体力差のある
シニアの集団体操34
＆支援6つの極意

斎藤道雄 著

黎明書房

はじめに
どうして集団運動なのか？

この本は，シニアの集団運動を支援するための本です。
どうして集団運動なのか？

先日，あるリハビリデイサービスのインストラクターから相談がありました。おもな内容は次のとおりです。

1．年齢や体力差がある場合の対応のしかたについて。
2．どのようにして全体を盛り上げたらよいか。
3．立位と座位では，同じ運動ができない。

これまでにも，体操やゲームなどをテーマにした本はたくさんありました。それにもかかわらず，このような悩みがあるのは，どうしてでしょうか？

こたえは2つ。
ひとつは，対象がシニア（高齢者）であること，
もうひとつは，そのシニアが集団であることです。

ほとんどの方々が間違えてしまうのは，これらの問題を体操という技術面（テクニック）だけで解決しようとすることです。

冷静に考えてみてください。

対象がシニアで，年齢や体力に著しい差があり，しかも，そのシニアが集団で体操をするのです。
残念ながら，ご相談の内容を一挙に解消する魔法のような体操はありません。

でも，だいじょうぶです。
魔法の体操がなくても，参加者が満足する秘訣ならあります。その秘訣とは，

1．運動のしかたを工夫する（技術）
2．シニアのメンタルに働きかける（思想）

どちらかひとつだけではダメです。
これは，2つセットになって，はじめて威力を発揮します。

この本は，「シニアが集団のときに，体操をどう支援したらいいんだろう？」そんな目線で読んでください。そして，読者の方々の助けとなる支援6つの極意をコラムの形で紹介しました。ぜひ参考にしてください。
自分のこれまでの経験が，少しでもみなさまの役に立つことができたら，うれしく思います。

も く じ

はじめに　どうして集団運動なのか？　1
シニアの集団運動を支援するための10ヵ条　8

誰もが満足！　ウオームアップ

1　スーパー深呼吸1　10
2　スーパー深呼吸2　12
3　背筋伸ばし　14

集団体操の極意その1　完璧を目指すのをやめる　16

誰もが満足！　脳トレ

4　○と×　18
5　グーチー　20
6　逆さカウント　22

7 　口だけジャンケン　24

集団体操の極意その2　　運動のレベルは落とさない　26

誰もが満足！　手と指の体操

8 　ギューッ！　28
9 　パアーッ！　30
10　やわらか手首　32
11　指折り　34

集団体操の極意その3　　シニアをあきさせないコツ　36

誰もが満足！　腕と肩の体操

12　ギュー！　ストン　38
13　ぶらぶら　40
14　超腕振り　42
15　肩たたき　44

集団体操の極意その4　　レベルアップで誰もが満足　46

　　　　　　　　　　　　　　　　も　く　じ

誰もが満足！　背中と胸の体操

16　つばめのポーズ　48
17　超肩甲骨(けんこうこつ)　50
18　背中丸め　52

集団体操の極意その5　　脳トレで明るい雰囲気に　54

誰もが満足！　おなかと体側の体操

19　足拍手　56
20　もも上げ腹筋　58
21　横伸ばし　60

集団体操の極意その6　　声を出すのを最も重視する　62

誰もが満足！　足と腰の体操

22　ひらいてチョン　64
23　マッサージ　66
24　前後ステップ　68
25　拍手 de 足ぶみ　70
26　ヒップウオーク　72

誰もが満足！ お手玉体操

27　ダブルキャッチ　74
28　ブラインドキャッチ　76
29　やさしくキャッチ　78
30　拍手 de キャッチ　80

誰もが満足！ ペーパー体操

31　超パンチ　82
32　真剣しらはどり　84
33　足折りがみ　86
34　きざみ足　88

おわりに　さらにクオリティーの高い体操支援を　90

誰もが満足！
年齢や体力差のある
シニアの集団体操34
＆支援6つの極意

シニアの集団運動を支援するための 10カ条

1 運動のレベルを落とさない
　レベルを落としてしまうと個人も全体も損する。

2 かんたんなことからレベルアップする
　年齢や体力差がある場合におススメの方法。

3 雰囲気づくりに効果のある体操をする
　脳トレは，全体の雰囲気を明るくする。

4 声を出すのを最も重視する
　声を出すと元気になる。
　声を出すと，活気のある雰囲気になる。
　声を出すのは，誰にでもかんたんにできる。
　声を出すと気持ちがスッキリして満足する。

5 運動のしかたを，少しだけ変える
　運動の種類を増やすより，運動のしかたを変える。

6 　参加してくださることに感謝する
　　お礼を口に出して言う。
　　感謝されるとうれしくなる。
　　うれしくなるとやる気になる。
　　やる気になれば，動く。満足する。

7 　安心させる
　　他人と違ってもよい。
　　無理をしない。
　　自分にできることをできるぶんだけするのがよい。

8 　やる気を引き出す
　　かんたんなことでもほめる。
　　はげみになる言葉を。（できなくても，だいじょうぶ！）

9 　楽しませるより動くことを目指す
　　シニアは，盛り上がりよりも動くことで満足する。

10　完璧を目指すのをやめる
　　そのうえで，ベストを尽くす。

1 スーパー深呼吸 1

誰もが満足！ ウオームアップ

| うれしい効果 | 呼吸器官の機能促進，リラックス |

上に吸い上げる　　　はき出す

誰もが満足！　ウオームアップ

● 現場のスタッフによるコトバかけ

① 「両腕をカラダにそって，ダランと下げます（腕の力が抜けます）」
② 「少しあごを引いて鼻のラインを垂直にします」
(ポイント！) ③ 「鼻から大きく息を吸い上げます」
(ポイント！) ④ 「口から息をはき出します」
⑤ 「気持ちよく，4回繰り返します」

―― 誰もが満足する！　支援の極意 ――

★無理をせずに，やりましょう。
★「息を吸うときは，（鼻から）真上に吸い上げる」ように伝えるのがコツです。

2 スーパー深呼吸 2

誰もが満足！ ウオームアップ

| うれしい効果 | 姿勢改善，リラックス |

胸をはる

誰もが満足！ ウオームアップ

● **現場のスタッフによるコトバかけ**

① 「ひじを後ろに引きます」
② 「胸を張ります」

ポイント！ ③ **「ひじを引いて，胸を張りながら，鼻から息を大きく吸います」**

④ 「ゆっくりと息をはき出しながら，元に戻します」
⑤ 「全部で4回繰り返しましょう」

――― 誰もが満足する！ 支援の極意 ―――

★「胸を張りながら息を吸う」ように言います。呼吸器官の機能が促進します。

★くれぐれも無理をせずに，やります。

3 背筋伸ばし

誰もが満足！ ウオームアップ

| うれしい効果 | : 姿勢改善, リラックス |

胸を真上に, 静かに上げる

誰もが満足！　ウオームアップ

● **現場のスタッフによるコトバかけ**

① 「両手を前に伸ばします」
② 「両手の手のひらを上にして，上に持ち上げます」
(ポイント！) ③ **「両手を持ち上げながら，胸を上に持ち上げていきます」**
④ 「両手のひらを下にして，手を下げます」
⑤ 「手を下げながら，元に戻します」
⑥ 「全部で4回繰り返しましょう」

―― 誰もが満足する！　支援の極意 ――

★「胸を上に持ち上げる」ように伝えるのがコツです。背筋がよく伸びるようになります。
★力を抜いて，リラックスするようにします。

集団体操の極意 その1

完璧を目指すのをやめる

「車いすの人もいっしょにできる体操はありませんか？」
「片マヒの人にもできる体操はありませんか？」
「目の不自由な人にできる体操はありませんか？」
「体操を嫌がる人には，どうしたらよいですか？」
「徘徊する人には，どうしたらよいですか？」

　この質問を見ると，現場のスタッフの方々が，体操に対して，いかに苦労しているのかがよくおわかりいただけると思います。
　この本を手にした方の中には，きっと同じ悩みがあることでしょう。

　では，どうしたらよいか？　こたえは，

完璧を目指すのをやめてください。

　ここで言う完璧というのは，
　全員が，同時に，同じことを，同じように，間違えずに，正確に，きちんとする。ということです。

　「きちんとする」体操のイメージ。まず，そのイメージを一

旦消し去ることからスタートします。

　なぜか？

　シニアの年齢は，およそ60代〜90代，ときには100才を超えることもあります。

　その心身レベルは，年齢差以上に著しく違います。
　体力だけでなく，気力，集中力，意欲も，人によって全然違います。

　そんな方々を対象に，きちんと体操しようと考えるのは，あまりにも無理があります。
　どこへ行っても，同じ悩みを聞くのは，無理なことを目指しているからです。

　完璧を目指すのをやめるのは，けっしてあきらめるのではありません。あくまでも，**それを承知の上で，ベストを尽くす**ことを提案します。

4 ○と×

誰もが満足！ 脳トレ

うれしい効果	:	手の器用さ（巧緻性）の維持
	:	雰囲気づくり

片手で○，反対の手で×

誰もが満足！　脳トレ

● 現場のスタッフによるコトバかけ

① 「両手を前に出します」
② 「どちらかの手で，大きな○（まる）を描きます」
③ 「反対の手で，大きな×（ばつ）を描きます」
④ 「両手（○と×）をいっしょに描きます」
(ポイント！) ⑤ 「できるだけ大きく描くのがうまくするコツです」

―― 誰もが満足する！　支援の極意 ――

★はじめからいっしょにやらずに，○と×を別々にやってから，両手いっしょにします。
★正確にするよりも，楽しんですることを重視しましょう。

5 誰もが満足！ 脳トレ
グーチー

うれしい効果	：	手の器用さ（巧緻性）の維持
	：	雰囲気づくり

グー

チー

グーとチョキを交互に

誰もが満足！　脳トレ

● **現場のスタッフによるコトバかけ**

① 「どちらか片手をグーにします」
② 「反対の手をチョキにします」
ポイント！ ③ **「グーの手を，チョキにします」**
ポイント！ ④ **「同時に，チョキの手はグーにします」**
⑤ 「全部で4回繰り返します」

―― **誰もが満足する！　支援の極意** ――

★むずかしいときには，両手を同じにして（左右同じものを出して），指の動きの要領をつかみます。
★たとえ間違えても「だいじょうぶ！」などと声をかけて，気楽な気分でしましょう。

6 逆さカウント

誰もが満足！ 脳トレ

| うれしい効果 | ： | 手の器用さ（巧緻性）の維持
集中力アップ |

いち　にい　さん　しい　ごお

パーは親指から，グーは小指から

誰もが満足！　脳トレ

● **現場のスタッフによるコトバかけ**

　　　　　　① 「片手をパーに反対の手はグーにします」
ポイント！ ② 「パーの手は，親指から順に折っていきます」
ポイント！ ③ 「グーの手は，小指から順に伸ばしていきます」
　　　　　　④ 「両手を同時にスタートして，5つかぞえます」
　　　　　　⑤ 「全部で，4回繰り返します」

── **誰もが満足する！　支援の極意** ──

★はじめは，片手ずつ行い，徐々に慣れてきたところで，両手でトライします。

★むずかしい場合には，5つかぞえずに，3つだけ，ひとつだけと，レベルにあわせて，かずを変えてみます。

7 誰もが満足！ 脳トレ
口だけジャンケン

| うれしい効果 | ： | 手の器用さ（巧緻性）の維持
雰囲気づくり |

「グー（パー）」「チョキ（グー）」「パー（チョキ）」

誰もが満足！　脳トレ

● 現場のスタッフによるコトバかけ

ポイント！
① 「(口で)『グー』と言いながら，(手で)パーを出します」
② 「『チョキ』と言いながらグーを，『パー』と言いながらチョキを出します」
③ 「慣れてきたら，3つ連続します」
④ 「③を4回繰り返します」

── 誰もが満足する！　支援の極意 ──

★むずかしい場合には，はじめに手だけで，パー・グー・チョキと練習してみましょう。
★「グー・チョキ・パー」と声を出すことで，全体の雰囲気が盛り上がります。

集団体操の極意 その2

運動のレベルは落とさない

「足が不自由な人がいるのに、足の体操をしてもよいのでしょうか？」

あるデイサービスで、現場のスタッフからこんな質問がありました。

そこで、ぼくは、こんな質問しました。

「もしも、あなたの足が不自由だとして、(あなたに気をつかって)足の体操をしなければ、あなたは本当にうれしいと思いますか？」

ぼくだったら、きっとその場にいづらくなると思います。だって、ぼくひとりのせいで、ほかのみなさんに迷惑をかけてしまうことになるのですから。

本人は気力を失う、まわりの人たちは運動する機会を失う。
実は、この方法、誰も得しないんです。

だから、運動レベルは落とさない。

実は，ここから先が肝心なのですが，そのうえで，メンタルをサポートします。
　特に，身体レベルの低い方に対しては手厚く，です。

　ポイントは 2 つ。

　ひとつは，安心させること，
　もうひとつは，勇気づけることです。

　ぼくなら，安心させるためにこう言います。
　「たとえ，ほかのみなさんと同じようにできないことがあっても大丈夫です。自分にできることだけをすれば，それだけでオーケーです」

　さらに，こう言って勇気づけます。
　「大事なのはカラダの動きより，動こうと思う気持ちです」

　もう一度繰り返します。

　運動レベルは落とさない。
　そのうえで，メンタルを手厚くサポートする。
　この 2 つは，セットになって，はじめて威力を発揮すると覚えておいてください。

8 誰もが満足！ 手と指の体操
ギューッ！

| うれしい効果 | 手や腕の力の強化 |

ギューーッ！　　ギューーッ！

声に出して，強く言う

● 現場のスタッフによるコトバかけ

① 「両手を前に出して，ひじを軽く曲げます」
② 「親指をつかむようにして，拳をぎゅっとにぎりしめます」

（ポイント！） ③ 「にぎるときに，『ギューッ！』と強く声に出して言います」

④ 「拳を静かにゆるめます」
⑤ 「全部で４回繰り返しましょう」

誰もが満足する！ 支援の極意

★ 「ギュー！」と声を強く出しますと，握力がパワーアップします。

★ 「いい声です！」「その調子です！」など，参加者をどんどんほめましょう！

9 パアーッ！

誰もが満足！ 手と指の体操

| うれしい効果 | 手や腕の力の強化，指のストレッチ |

全部の指をピン！ と伸ばす

誰もが満足！　手と指の体操

● **現場のスタッフによるコトバかけ**

① 「両手を前に出して，ひじを伸ばします」
(ポイント！) ② **「全部の指を伸ばしてひらきます」**
(ポイント！) ③ **「ひらくときに，『パアーッ！』と声に出して言いましょう」**
④ 「指の力を抜いてゆるめます」
⑤ 「全部で4回繰り返しましょう」

── **誰もが満足する！　支援の極意** ──

★なかには，指がまっすぐに伸びない方もいます。「多少指が曲がっていても気にせずに続けることがよい」と，安心させるようにします。
★実際の指の動きよりも「指先まで伸ばそう」としっかり意識させることが大事です。

10 やわらか手首

誰もが満足！ 手と指の体操

| うれしい効果 | 手首の柔軟性維持，手や腕の血行促進 |

ぶらぶら〜

声に出して，言う

誰もが満足！　手と指の体操

● 現場のスタッフによるコトバかけ

　　　　　　① 「両手を前に出します」
ポイント！ ② 「手首の力を抜いて，手をダランとします」
　　　　　　③ 「手首をやわらかくし上下に動かします」
ポイント！ ④ 「『ぶらぶら〜』と声に出して言います」
　　　　　　⑤ 「全部で4回繰り返します」

───── 誰もが満足する！　支援の極意 ─────

★「手をダランとする」ようにコトバかけすることで，自然に手首の力が抜けます。

★声を出すことで，気分がリラックスします。

11 指折り

誰もが満足！ 手と指の体操

| うれしい効果 | : | 手の器用さ（巧緻性(こうちせい)）の維持 |
| | : | 集中力アップ |

いち　にい

声に出して，かぞえる

● 現場のスタッフによるコトバかけ

① 「両手を前に出します」
② 「親指から順に指を折っていきます」
(ポイント！) ③ 「1本ずつ，ゆっくりと，ていねいに，指を動かします」
(ポイント！) ④ 「声に出して，かずをかぞえます」
⑤ 「いち，にい，さん，しい，ごお」
⑥ 「全部で4回繰り返しましょう」

――― 誰もが満足する！ 支援の極意 ―――

★「1本ずつ，ゆっくりと，ていねいに」するのを心がけることで，参加者の集中力がアップします。
★どんなに簡単なことであっても，「いいですよ！」「その調子ですよ」など，ほめることで意欲を引き出していきます。

集団体操の極意 その3

シニアをあきさせない コツ

　集中力が低下する
　興味がうすくなる
　カラダを動かすのが億劫になる
つまり，あきっぽい。これがシニアの特徴です。

　したがって，いくらかんたんでも，同じこと（運動）を続けたりすると，途中であきてしまいます。

　そんなときにおススメなのが，**短くして，繰り返すこと**です。そうすることで，同じ内容の運動でも長く続けられます。
　短くして，何度も繰り返すのがシニアをあきさせないコツです。たとえば足ぶみ。

「さあ，足ぶみを100歩しましょう！」
と言うところを，こんなふうに言います。

「ちっちゃく足ぶみして，足腰の具合を確かめてください」
「足，膝，腰，どこか痛いところはないですか？」
と，参加者に聞いてみます。
「じゃあ，足ぶみを徐々に強くしてみましょう」

と言いながら，歩数を徐々に増やします。

　さらに，頃合いを見はからって，こう言います。
「じゃ，声を出して，8歩かぞえましょう」
「いち，にい，さん，しい，ごお，ろく，しち，はち」
「今度は，声を強くして（8歩）」
「じゃあ，もっと強い声で（8歩）」
「今度は，手をたたきながら（8歩）」
「じゃあ，頭の上で手をたたきながら（8歩）」
「最後は，静かに手をたたいて（8歩）」

　そうこうしているうちに，気づけば100歩（それ以上？）達成です。
　同じ足ぶみでも，こうすることで，あきずに楽しみながらできます。

　大事なのは，短く，繰り返すこと。
　くれぐれも，同じことを同じしかたで長く続けないのが，あきさせないコツです。

12 ギュー！ ストン

誰もが満足！ 腕と肩の体操

| うれしい効果 | 肩まわりの血行促進，リラックス |

ギュー！

ストン

声に出して，言う

誰もが満足！　腕と肩の体操

● 現場のスタッフによるコトバかけ

① 「両腕をカラダにそってダランと下げます」
（ポイント！）② 「『ギュー！』と声に出して言いながら，肩を持ち上げます」
（ポイント！）③ 「『ストン』と言いながら，肩を一気に落とします」
④ 「全部で4回繰り返しましょう」

―― 誰もが満足する！　支援の極意 ――

★「ギュー！」のところを強めに言うのが，「ストン」で力を抜きやすくするコツです。
★声を出すことで，カラダの動きがよくなります。

13 誰もが満足！ 腕と肩の体操
ぶらぶら

| うれしい効果 | : | 手や腕の血行促進，リラックス |

ひじを振るようにする

● 現場のスタッフによるコトバかけ

① 「両腕をカラダにそって，ダランと下げます」
② 「目を軽く閉じて，リラックスします」

(ポイント！) ③ 「ひじをやわらかくして，動かして腕を振ります」

(ポイント！) ④ 「『ぶらぶら～』と声に出して言います」
⑤ 「全部で4回繰り返します」

――― 誰もが満足する！ 支援の極意 ―――

★声を出すことで，自然にカラダの動きがよくなります。
★カラダだけでなく，気持ちがリラックスするようにします。
★声を出すと，気持ちがリラックスします。

14 誰もが満足！ 腕と肩の体操
超腕振り

| うれしい効果 | 腕・肩・背中の筋力維持 |

いち！　にい！　さん！　しい！
ごお！　ろく！　しち！　はち！

声に出して，かぞえる

誰もが満足！　腕と肩の体操

● **現場のスタッフによるコトバかけ**

① 「ひじを伸ばして，歩くように腕を振ります」
② 「なれてきたら，できるだけ前後に大きく振ります」

ポイント！　③ **「声を出して，かぞえながらします」**

④ 「いち！　にい！　さん！　しい！　ごお！　ろく！　しち！　はち！」
⑤ 「休みながら，全部で4回繰り返しましょう」

── **誰もが満足する！　支援の極意** ──

★はじめは小さくして，慣れてきたら徐々に大きく振れるようにします。

★「コトバもいっしょに」「声が大事」など，コトバをかけて，元気な声が出るように参加者に働きかけます。

15 誰もが満足！ 腕と肩の体操
肩たたき

| うれしい効果 | 肩まわりの血行促進，リラックス |

気持ちのよいところを探す

誰もが満足！　腕と肩の体操

● 現場のスタッフによるコトバかけ

① 「頭を横にたおします」
② 「拳で首のつけ根から肩まわりまでをトントンとたたいていきます」
③ 「反対も同じようにします」

(ポイント！) ④ 「気持ちのよいようにたたきましょう！」

― 誰もが満足する！　支援の極意 ―

★「首のつけ根から肩まわりまで」と，具体的な場所を指定します。

★ただ「たたく」と言うより，「気持ちのよいようにたたく」と言うと，参加者は，たたく場所や力加減を工夫します。

集団体操の極意 その4

レベルアップで誰もが満足

「元気な方には，かんたんすぎて物足りない」
「体力のない方には，むずかしすぎてできない」
年齢や体力差があれば，当然このような問題が起こります。

そんなときには，レベルアップ法をおススメします。
運動の負荷を徐々に上げる（または，むずかしくする），つまりレベルアップしていくのです。

たとえば，足拍手（56ページ）。
この体操は，イスに腰かけて，両足を持ち上げて，チョンと足打ちします（足で拍手する）。

この足を打つ回数を，1回，2回，3回，4回と徐々に増やしていきます。

そのときに，参加者には，こんなふうに言います。

「無理をせずに，自分にできる回数を選んでします」

「大事なのは，無理をせずに，自分のカラダとよく相談する

こと」

「ちょっとキツイと感じるぐらいを目安に」

そう言うことで，自分の体力レベルにあった回数（負荷）を考えて選ぶようになります。

大事なのは，**それぞれのレベルにあわせた選択肢を提供すること。**

誰もが満足する秘訣は，体力のある方はやりたいだけ，体力のない方はそれなりに，です。

たとえ参加者の体力に差があったとして，レベルアップ法を使えば，誰もが満足できるようになるのです。

16 つばめのポーズ

誰もが満足！ 背中と胸の体操

| うれしい効果 | 肩まわりの血行促進，胸のストレッチ |

肩を後ろに引く

誰もが満足！　背中と胸の体操

● **現場のスタッフによるコトバかけ**

①　「できるだけ姿勢をよくします」
②　「両手を後ろで組んで，胸を張ります」
ポイント！　③　**「肩を後ろに引くようにします」**
④　「力を抜いてカラダをゆるめます」
⑤　「全部で4回繰り返しましょう」

――― 誰もが満足する！　支援の極意 ―――

★①姿勢をよくする，②両手を後ろで組む，③肩を後ろに引く，④カラダをゆるめる，この一連の流れを，ひとつずつていねいに進めていきます。

★ひとつひとつていねいに段階をふむことで，カラダが不自由であっても，途中まででもついてこれるようになります。

17 誰もが満足！ 背中と胸の体操
超肩甲骨（けんこうこつ）

| うれしい効果 | 肩まわりの血行促進，リラックス |

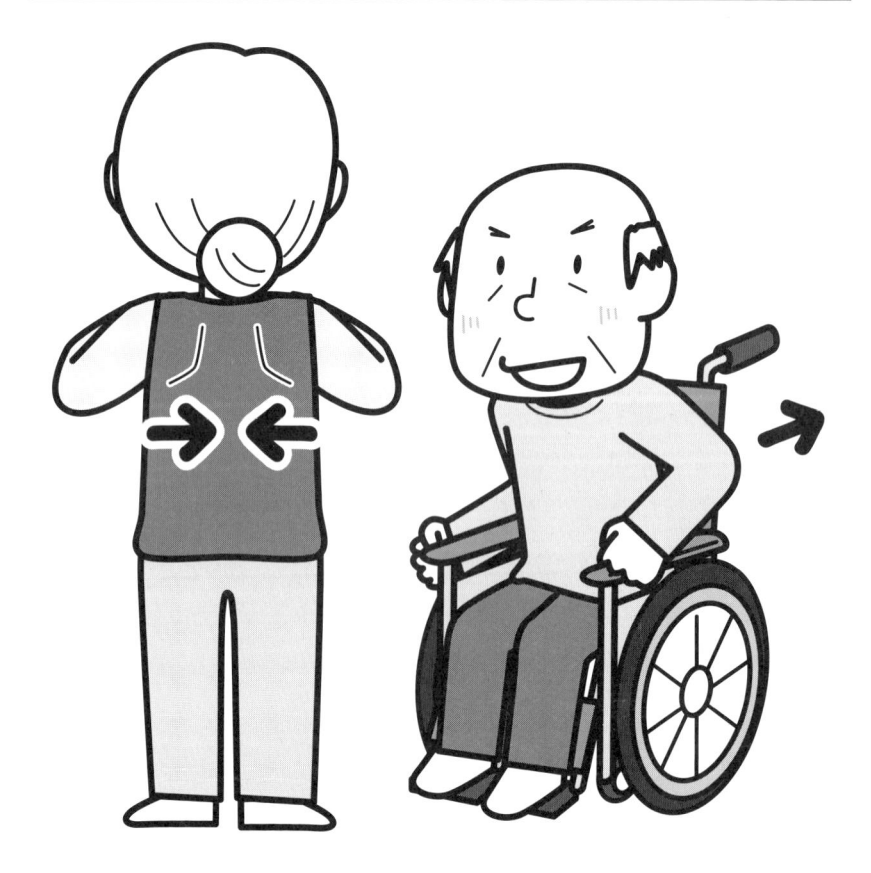

肩甲骨をよせる

誰もが満足！　背中と胸の体操

● **現場のスタッフによるコトバかけ**

① 「ひじを軽く曲げます」
② 「肩とひじをゆっくり後ろに引いていきます」

ポイント！　③ **「肩甲骨をつけるようによせていきます」**

④ 「力を抜いてカラダをゆるめます」
⑤ 「全部で4回繰り返しましょう」

——— 誰もが満足する！　支援の極意 ———

★①ひじを曲げる，②肩とひじを引く，③肩甲骨をよせる，この一連の流れを，ひとつずつていねいに進めていきます。

★このように段階をひとつずつふむことで，たとえ全部できなくても，途中までの動きについてこれるようになります。

18 誰もが満足！ 背中と胸の体操
背中丸め

| うれしい効果 | 肩の柔軟性維持，腕のストレッチ |

フー

腕と肩を前に出す

誰もが満足！　背中と胸の体操

● **現場のスタッフによるコトバかけ**

① 「手のひらを下にして両腕を前に伸ばします」
（ポイント！）② 「腕と肩を前に押し出していきます」
（ポイント！）③ 「『フー』と声に出して言いながら，やります」
④ 「カラダを元に戻します」
⑤ 「全部で4回繰り返しましょう」

――― **誰もが満足する！　支援の極意** ―――

★「腕と肩を前に押し出していきます」と言いますと，背中の筋肉が働きます。

★「フー」と声を出すことで，呼吸するのを確認します。声を出すと，自然に脱力します。

集団体操の極意 その5

脳トレで明るい雰囲気に

「片手で○（まる）を描いてください」
「反対の手で×（ばつ）を描いてください」
「それを左右同時に，○と×をいっしょに描いてください」

(P 18参照)

ぼくがそう言うと，あちこちで，

「あれ～？（笑）」

このように，左右の手で，違う別々の動作をすることで，脳を活性化しようというのが脳トレの目的です。

実は，この脳トレ，雰囲気づくりに最高なんです！
脳トレをすると，「あれ～おかしいぞっ」て，思わず笑っちゃうんです。

笑うことで，それまで固かった雰囲気も和やかになります。

さらに，笑うことでカラダがリラックスするので，カラダの動きもよくなります。

実は，集団運動で大事なのは，その場の雰囲気です。
　雰囲気が重たければ，カラダはなかなか動きません。
　その反対に，雰囲気が明るければ，カラダの動きもよくなります。

　その雰囲気づくりにおススメなのが，脳トレなのです。

　ちなみに，ぼくが，脳トレをするのは，はじめのウオーミングアップのときです。
　途中に入れるのもよいのですが，雰囲気づくりとして効果が高いので，はじめにやるようにします。

　脳トレは，あまり脳を活性化というねらいにこだわらずに，楽しんでします。

　「だいじょうぶ」
　「気にしない」
　「深く考えない」

　そんなふうに，楽しんでできるようなコトバを，たくさんかけてください。

19 誰もが満足！ おなかと体側の体操
足拍手

| うれしい効果 | : | 腹筋の強化 |

チョン

両足で「チョン」とタッチ

誰もが満足！　おなかと体側の体操

● **現場のスタッフによるコトバかけ**

① 「両足を少し上に持ち上げます」
② 「両足の内側を軽くあわせます」

ポイント！ ③ 「『チョン』と声に出して言いながらやりましょう」

④ 「足を下ろします」
⑤ 「全部で4回繰り返しましょう」

――― **誰もが満足する！　支援の極意** ―――

★足を打つ回数を1〜4回ぐらいまで増やします。（1回「チョン」，2回「チョンチョン」…）

★無理をせずに，自分の体力にあわせた回数を選べるようにします。満足度がアップします。

20 誰もが満足！ おなかと体側の体操
もも上げ腹筋

| うれしい効果 | 腹筋の強化 |

太ももを上に持ち上げる

誰もが満足！　おなかと体側の体操

● **現場のスタッフによるコトバかけ**

① 「イスに腰かけてします」
ポイント！　② **「片方の太ももを上に持ち上げます」**
③ 「そのままのかっこうで４つかぞえます」
④ 「静かに足を下ろします」
⑤ 「交互に２回ずつします」

―― **誰もが満足する！　支援の極意** ――

★声を出してかぞえることで，カラダの動きがパワーアップします。

★「ほんの少しだけでも，足が上がればオーケー」とコトバをかけて，勇気づけます。

21 誰もが満足！ おなかと体側の体操
横伸ばし

| うれしい効果 | 体側のストレッチ，リラックス |

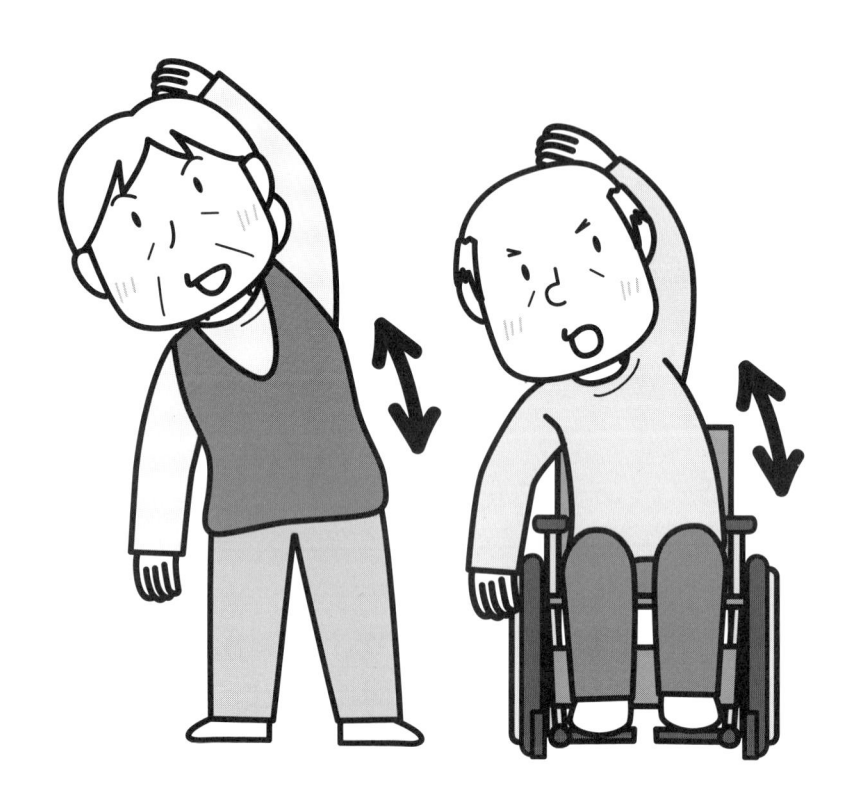

体側が伸びる

誰もが満足！　おなかと体側の体操

● **現場のスタッフによるコトバかけ**

①　「片手を上に上げます」

ポイント！　②　「上げた側の上体が伸びるようにカラダを横にたおします」

③　「その状態のままで，「フー」と，声に出して言います」

④　「ゆっくりと元に戻します」

⑤　「全部で4回繰り返しましょう」

―― 誰もが満足する！　支援の極意 ――

★息を止めずに，呼吸をしながらやりましょう。

★「フー」と声に出して言うことで，参加者が息をはくことを確認できます。

集団体操の極意 その6

声を出すのを
最も重視する

「カラダを動かすときに，一番大事なのは声を出すこと」

　体操をする前に，ぼくは参加者のみなさんに，必ずこう話しています。

　ぼくが見た限りでは，現場では，体操をするときに声を出すのがとても少ないように思います。たとえあったとしても，声が小さすぎます。

　声があるところは，活気に満ちあふれています。その証拠に，八百屋，魚屋，居酒屋などなど，明るく活気があるところには，必ず声があります。

　声を出すことには，驚くような効果がたくさんあります。

　ある運動の専門家は，**「声を出すと元気になる」**と言います。
　元気だから声が出るのではなく，声を出すことで元気になるのです。
　そうすれば，**カラダがよく動くので運動効果もアップ**します。

さらに，声を出せば，気持ちもスッキリします。
つまり，カラダだけでなく，こころが満足します。

まだまだあります。
声を出すと，全体が明るく活気あふれた雰囲気になります。したがって，テンションも上がってきます。
声というのは，雰囲気づくりに大いに効果があるのです。

そのほかにも，実はこれがとても大事なのですが，**声を出すのは，誰にでもかんたんにできます。**
つまり，シニアに超おススメなのです。

ぼくの体操が終わると，
「気持ちよかったあ〜」
「スッキリした〜」
と言ってくださる参加者がたくさんいらっしゃいます。

その理由は？
もうおわかりですね。

そうです。声を出しているからです。

22 ひらいてチョン

誰もが満足！　足と腰の体操

| うれしい効果 | 足腰の強化 |

ひらいて

チョン

両手をひらいて，手をたたく

誰もが満足！　足と腰の体操

● **現場のスタッフによるコトバかけ**

① 「両手を横にひらきます」
② 「両手をひらきながら，いっしょに足をひらきます」
③ 「手をたたくと同時に足を閉じます」
（ポイント！）④ 「『ひらいて，チョン』と声を出して言いながらやります」
⑤ 「全部で5回繰り返してやりましょう」

―― 誰もが満足する！　支援の極意 ――

★「ひらいてチョン」と声に出して言うことで，カラダの動きがよくなり，全体の雰囲気が盛り上がります。
★盆踊りのように，楽しんでやります。

23 誰もが満足！ 足と腰の体操
マッサージ

| うれしい効果 | 血行促進，リラックス |

気持ちのよいところを探す

誰もが満足！ 足と腰の体操

● **現場のスタッフによるコトバかけ**

① 「手で太ももをマッサージします」
② 「続けて，膝まわりのマッサージをします」
③ 「ふくらはぎもマッサージします」
(ポイント！) ④ 「気持ちのよいようにマッサージしましょう」

── **誰もが満足する！ 支援の極意** ──

★ 「足をマッサージしましょう」より，太もも，膝，ふくらはぎ，と，具体的な場所を指示します。

★ 「気持ちのよいように」と言うことで，参加者は，力加減を工夫するようになります。

24 前後ステップ

誰もが満足！ 足と腰の体操

うれしい効果：足腰の強化，バランス感覚の維持

まえ　　　　まえ

前に出す，後ろへ引く

誰もが満足！　足と腰の体操

● **現場のスタッフによるコトバかけ**

① 「片足を1歩前に出します」
② 「反対の足を1歩前に出します」
③ 「最初の足を元に戻します」
④ 「残った足を元に戻します」

(ポイント！) ⑤ 「『まえ，まえ，うしろ，うしろ』と声に出してやりましょう！」

―― 誰もが満足する！　支援の極意 ――

★はじめは，「まーえ……，まーえ……，う・し・ろ……う・し・ろ」と，ゆっくり繰り返して要領を体得させるようにします。

★シニアは後ろへ下がるのが苦手です。立ってするときは，転倒しないように十分に配慮します。

25 拍手 de 足ぶみ

誰もが満足！ 足と腰の体操

| うれしい効果 | 足腰の強化，ストレス解消 |

いち！ にぃ！ さん！ しぃ！ ごぉ！ ろく！ しち！ はち！

声に出して，かぞえる

誰もが満足！　足と腰の体操

● 現場のスタッフによるコトバかけ

① 「その場で足ぶみをします」
② 「足ぶみをしながら，手をたたきます」
ポイント！ ③ **「声を出して 8 歩かぞえます」**
④ 「いち！　にい！　さん！　しい！　ごお！　ろく！　しち！　はち！」
⑤ 「全部で 4 回繰り返しましょう」

―― 誰もが満足する！　支援の極意 ――

★むずかしい場合は，「手を動かす，足を動かす，声を出す，のどれかひとつ自分にできるものをするように」励まします。

★どんなにかんたんなことでも，ほめることで，運動効果のアップにつながります。

26 誰もが満足！ 足と腰の体操
ヒップウオーク

| うれしい効果 | ： | 腕・肩・背中の筋力維持 |

おしりで歩くように

誰もが満足！　足と腰の体操

● **現場のスタッフによるコトバかけ**

ポイント！　①　「おしりの片側をイスから少しだけ持ち上げます」
　　　　　　②　「ゆっくりしずかにやります」
　　　　　　③　「元に戻します」
　　　　　　④　「反対側も同じようにします」
　　　　　　⑤　「全部で4回繰り返しましょう」

――― **誰もが満足する！　支援の極意** ―――

★むずかしい場合には，「（おしりが持ち上がらなくても）持ち上げる意識だけでもオーケーですよ」と励まします。

★運動が正確にできるかどうかよりも，楽しんでするのを重視します。

27 誰もが満足！ お手玉体操
ダブルキャッチ

うれしい効果	:	手の器用さ（巧緻性(こうちせい)）の維持
	:	集中力アップ

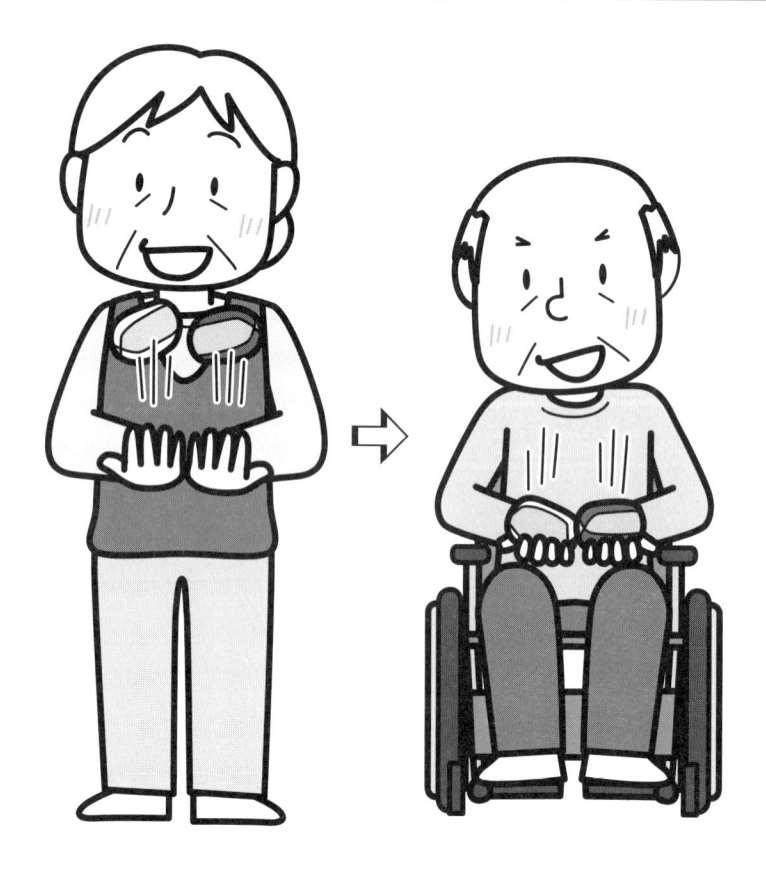

2個同時に，投げてとる

誰もが満足！　お手玉体操

● 現場のスタッフによるコトバかけ

① 「お手玉を，ひとりに2個ずつ用意します」

ポイント！　② **「お手玉を2個まとめて両手に持ちます」**

③ 「2個同時に，真上に投げます」
④ 「落ちてきたお手玉を，両手でキャッチします」
⑤ 「全部で10回繰り返します」

――― 誰もが満足する！　支援の極意 ―――

★ 「ナイスキャッチ！」「おしいっ！」たくさん声をかけて意欲を引き出します。

★ 「落としてもだいじょうぶ」「どんどんやるといい」などと声をかけることで，積極的になります。

28 誰もが満足！ お手玉体操
ブラインドキャッチ

うれしい効果	:	集中力アップ
	:	手先の器用さ（巧緻性）の維持

投げたら，目を閉じる

● 現場のスタッフによるコトバかけ

① 「お手玉を，ひとりに1個ずつ用意します」
(ポイント！) ② 「お手玉を，おへその前から，真上に投げます」
(ポイント！) ③ 「投げたあとに，目を閉じます」
④ 「落ちてきたお手玉を，両手でキャッチします」
⑤ 「全部で10回繰り返しましょう」

―― 誰もが満足する！ 支援の極意 ――

★うまくするよりも，楽しんでするのを重視します。楽しくなれば，積極的にトライするようになります。

★「ナイスキャッチ！」とほめたり，拍手をしたりすることで，全体の雰囲気が盛り上がります。

29 誰もが満足！ お手玉体操
やさしくキャッチ

| うれしい効果 | : 手先の器用さの維持，反応力アップ |

そthis れっ！

声を出して，投げる

誰もが満足！ お手玉体操

● **現場のスタッフによるコトバかけ**

① 「お手玉を，ひとりに1個ずつ用意します」
ポイント！ ② **「お手玉を，おへその前から，真上に投げます」**
③ 「投げるときに，『それっ！』と，声を出しながらします」
④ 「落ちてきたお手玉を，両手でキャッチします」
⑤ 「全部で，10回繰り返しましょう」

―― **誰もが満足する！ 支援の極意** ――

★声を出すのを重視します。
★「声が大事ですよ」「声を出すとうまくいく」などと声をかけると，声が出るようになります。

30 拍手 de キャッチ

誰もが満足！ お手玉体操

| うれしい効果 | 手先の器用さの維持，敏捷性（びんしょうせい）アップ |

投げたら，手をたたく

誰もが満足！　お手玉体操

● **現場のスタッフによるコトバかけ**

① 「お手玉を，ひとりに1個ずつ用意します」
ポイント！　② **「お手玉を，おへその前から，真上に投げます」**
③ 「お手玉が落ちてくる前に，拍手を1回します」
④ 「落ちてきたお手玉を，両手ですばやくキャッチします」
⑤ 「全部で10回繰り返しましょう」

――― 誰もが満足する！　支援の極意 ―――

★手をたたく回数を，1回，2回，3回と増やしていきます。徐々にレベルアップすることで，参加者の満足度がアップします。

★うまくするよりも，楽しんですることを重視します。

31 誰もが満足！ ペーパー体操
超パンチ

| うれしい効果 | 瞬発性の維持，ストレス解消 |

えいっ！

新聞紙めがけて，パンチ！

誰もが満足！　ペーパー体操

● **現場のスタッフによるコトバかけ**

① 「新聞紙をひとりに1枚用意します」
② 「新聞紙を片手に持ち，胸の前に出します」
③ 「その新聞紙を，反対の手でパンチします」

ポイント！　④ 「『えいっ！』と声を出してします」

⑤ 「休みながら，4回繰り返します」

── **誰もが満足する！　支援の極意** ──

★片手が不自由な場合は，現場のスタッフがサポートするようにします。

★声を出すことで，パワーアップします。
　さらに，全体の雰囲気が盛り上がります。

32 真剣しらはどり

誰もが満足！ ペーパー体操

| うれしい効果 | 敏捷性アップ，手先の器用さの維持 |

両手をひらいて，閉じる

● 現場のスタッフによるコトバかけ

① 「新聞紙をひとりに1枚用意します」
② 「手と手をあわせて両手に新聞紙をはさみます」
③ 「両手をすばやくひらきます」

(ポイント！) ④ 「新聞紙が下に落ちる前に，すばやくキャッチ（両手ではさむ）します」

⑤ 「休みながら，10回繰り返します」

── 誰もが満足する！　支援の極意 ──

★「両手を大きくひらくとむずかしく，小さいとかんたん」と伝えますと，参加者は自分にあったレベルを選べます。

★「新聞紙を落としてもあわててひろわないように」します。（けがの予防）

33 誰もが満足！ペーパー体操
足折りがみ

うれしい効果	:	足腰を鍛える
	:	足の器用さ（巧緻性）の維持

足だけで，折りたたむ

● 現場のスタッフによるコトバかけ

① 「新聞紙をひとりに１枚用意します」
② 「足元に，新聞紙をひろげた状態で置きます」

ポイント！ ③ 「(手は使わずに) 足だけで新聞紙を半分に折りたたみます」
④ 「半分にしたら，足だけで新聞紙をひらいて元に戻します」
⑤ 「休みながら，全部で４回繰り返します」

――― 誰もが満足する！ 支援の極意 ―――

★「あともうちょっと！」「おしい！」など，たくさんコトバをかけて参加者を励まします。
★楽しんですることを重視します。

34 誰もが満足！ ペーパー体操
きざみ足

うれしい	:	足の器用さ（巧緻性）の維持
効果	:	足腰を鍛える

足だけで，破く

● 現場のスタッフによるコトバかけ

① 「新聞紙をひとりに1枚用意します」
② 「足元に，新聞紙をひろげた状態で置きます」

ポイント！ ③ **「足だけを使って，新聞紙を1回破ります」**
④ 「同じように，繰り返していきます」
⑤ 「できるだけ細かくたくさんちぎるのを目指します」

— 誰もが満足する！ 支援の極意 —

★スリッパですると すべりやすいので，すべらないようなかかとのある履物にします。
★元気な方はたくさん破くように，そうでない方はそれなりに。

おわりに
さらにクオリティーの高い
体操支援を

ある本で，おもしろいコトバを見つけました。

　　女がすねたら，プレゼントでなだめ，
　　男がすねたら，酒でなだめる。
　　子供がすねたら，お菓子でなだめ，
　　老人がすねたら，情でなだめる。*

シニアの皆さんのために働いている者として納得でした。
「情」の意味を調べると，
「他人に対する思いやりの気持ち」
とあります。

　魔法の体操がなくても，参加者が満足する秘訣ならあります。
その秘訣とは，
　　1．運動のしかたを工夫する（技術）
　　2．シニアのメンタルに働きかける（思想）

と，ぼくは，「はじめに」でこうお話ししました。

おわりに

　この本の中で，何度もお話ししたとおり，**シニアは情，つまり思いやりで動くのです。**

　シニアを体操で満足させたいと思うなら，まず情に働きかけてください。

　それは，
安心させることであり，
勇気づけることであり，
ほめること，です。

　そうすれば，あなたの体操支援は，さらにクオリティーが高くなるのを，自信を持ってお約束します。

　最後に，みなさまと，みなさまのまわりの方々が，
いつまでもいつまでもお健やかでありますように！

　平成26年6月
　　　　　　　　ムーヴメントクリエイター　斎藤道雄

＊イ・ギュギョン著／黒田福美訳『おなかがすいたらごはんたべるんだ』ポプラ社。

事業案内

クオリティ・オブ・ライフ・ラボラトリー

1. 体操講師派遣
   デイサービスや介護施設など，**自立から要介護までのシニアを対象**に，楽しみながらできる**集団運動を実践**いたします。

2. 講演，執筆
   おもなテーマ　幼児体育，高齢者体操，レクリエーション，「要介護シニアにも楽しめるかんたんな体操」ほか

3. 人材育成
   「集団運動の指導がうまくいかない」「シニアのみなさまに喜んでもらえない」など，**シニアの集団運動指導にかかわる方**を対象に，楽しい集団運動を実践するためのゲームスキルアップを目指します。

〈お問い合わせ〉
ファックス　03-3302-7955
メール　info@michio-saitoh.com
http://www.michio-saitoh.com

著者紹介

●斎藤道雄

体操講師，ムーブメントクリエイター，クオリティ・オブ・ライフ・ラボラトリー主宰。

まるで魔法をかけたようにシニアのからだを動かす「体操支援のプロ」として活躍。自立するシニアだけではなく，「要介護シニアにこそ体操支援の専門家が必要」とし，多くの介護施設で定期的に体操支援を実践中。

これまでの「体操」のやりかたや，「高齢者」という言葉のイメージにとらわれずに，あくまでも一人ひとりが思う存分にからだを動かすように支援する。言葉がもつ不思議な力を研究し，相手のからだだけではなく気持ちや心に働きかける「斎藤流体操支援法」を編み出す。現場スタッフからは「まるでお年寄りが若返るような体操」「これまでの体操の認識が変わった」「うちのレクリエーションがとても小さく思えた」「(うちの利用者に) こんなに元気があったんだ」と評判となり，顧客を広げる。現場に体操講師を派遣するほか，現場スタッフのための「支援する側もされる側も幸せになる体操支援セミナー」も根強い人気を呼んでいる。

〔おもな著書〕

『椅子に腰かけたままでできるシニアのための筋力アップトレーニング』『超かんたんフィットネスで介護予防』『要支援・要介護の人もいっしょに楽しめるゲーム＆体操』『シニアのためのヒット曲＆名曲でフィットネス』『魔法のペットボトルで手軽にフィットネス』(以上，黎明書房)，『介護スタッフ20のテクニック―遊びから運動につなげる50のゲーム』『身近な道具でらくらく介護予防―50のアイディア・ゲーム』(以上，かもがわ出版) ほか多数。

イラスト・さややん。

誰もが満足！　年齢や体力差のある
シニアの集団 体操34＆支援6つの極意

2014年10月20日　初版発行

著　　者	斎　藤　道　雄
発 行 者	武　馬　久仁裕
印　　刷	株式会社　太洋社
製　　本	株式会社　太洋社

発 行 所　　　　株式会社　黎明書房

〒460-0002　名古屋市中区丸の内3-6-27　EBSビル
☎052-962-3045　FAX 052-951-9065　振替・00880-1-59001
〒101-0047　東京連絡所・千代田区内神田1-4-9
松苗ビル4階　☎03-3268-3470

落丁本・乱丁本はお取替します。　　ISBN 978-4-654-05887-7

Ⓒ M. Saito 2014, Printed in Japan

魔法のペットボトルで
手軽にフィットネス
斎藤道雄著　Ａ５判・93頁　1600円

シリーズ・シニアが笑顔で楽しむ⑨　空のペットボトルが魔法の健康器具に！　立ったままでも座ったままでも手軽にできるペットボトルフィットネスで，自然に楽しく体を動かし，心も体もスッキリ。

シニアのための
ヒット曲＆名曲でフィットネス
斎藤道雄著　Ａ５判・91頁　1600円

シリーズ・シニアが笑顔で楽しむ⑪　「涙そうそう」「埴生の宿」などのゆったりとしたテンポときれいなメロディが，シニアの体の動きを自然に誘います。要介護のシニア，目の不自由な方にも簡単にできます。

シニアのための大笑い！　マジック36
なんちゃってマジック＆そこそこ本格マジック
グループこんぺいと編著
大山敏原案　Ａ５判・94頁　1600円

シリーズ・シニアが笑顔で楽しむ⑬　シニアとの対話や，高齢者施設でのレクを盛り上げる成功間違いなし⁉　のお笑いマジックを36種紹介。シニアが思わずクスリとするマジックが満載。

要支援・要介護の人も
いっしょに楽しめるゲーム＆体操
斎藤道雄著　Ａ５判・91頁　1600円

シリーズ・シニアが笑顔で楽しむ⑭　1人ひとりに合うように少しずつやり方を変えるだけで，参加者のだれもが満足。年齢や身体能力に差があっても，いっしょに体を動かして気分爽快になるゲームと体操を35種紹介。

超かんたんフィットネスで介護予防
斎藤道雄著　Ａ５判・93頁　1600円

シリーズ・シニアが笑顔で楽しむ⑮　心身機能のレベルに違いのある「自立」から「要介護」のシニアまで楽しくできる，介護予防のための健康体操。シニアが楽に体を動かせ，運動効果がアップする斎藤式魔法のコトバがけで，スタッフのどなたでもプロ並みの体操支援ができます。

声に出して楽しむ落語
シニアのための滑舌体操　落語8＋小ばなし3
グループこんぺいと編著
大山敏原案　Ａ５判・96頁　1600円

シリーズ・シニアが笑顔で楽しむ⑯　「寿限無」「目黒のさんま」など，シニアに人気の落語を，声に出して読むための本にしました。読んで大笑い，イラストで大笑い。声を出しながら大いに笑って，脳を活性化！

椅子に腰かけたままでできる
シニアのための筋力アップトレーニング
斎藤道雄著　Ｂ５判・62頁　1650円

椅子に腰かけたままででき，器具や道具を一切使わずに，特別養護老人ホームなどの要介護シニアにも無理なくできる本当に役立つ筋トレを，イラストを交え紹介。2色刷。

※表示価格は本体価格です。別途消費税がかかります。

■ホームページでは，新刊案内など，小社刊行物の詳細な情報を提供しております。「総合目録」もダウンロードできます。http://www.reimei-shobo.com/